AF312748

LA PAIRIE.

DES PAIRS VIAGERS.

> Notre espérance est dans le Roi......, Sa
> Majesté ne permettra pas que l'aristocratie
> soit stigmatisée..... Elle sait qu'il n'y a pas
> un grand intervalle entre la dégradation
> de la pairie et celle de la royauté.
> *(John-Bull,* 19 juin 1827.)

PARIS,

A. PIHAN DELAFOREST,

IMP. DE MONSIEUR LE DAUPHIN ET DE LA COUR DE CASSATION,
rue des Noyers, n° 37.

1827.

Le Ministre ;

Un Homme de trop ;

Un Français aussi au ministère,

La Pairie ;

La Censure ;

La Remontrance au Conseil de la Censure ;

L'Admonition au Conseil de la Censure ;

La Censure.—Des Surveillans.

On ne dompte point, on n'abat point l'opinion. En l'attaquant de front, elle se révolte ; en la tournant, en la surprenant, elle se rend.

L'opinion est soumise à un mouvement de rotation qui la présente perpétuellement sous des aspects variés, qui la ramène successivement à des phases analogues : le grand art consiste à guetter, à saisir un retour propice.

En fait de politique, le génie et l'ineptie, qui souvent ne diffèrent pas dans leurs vues, dans leurs fins, sont toujours en contraste à l'égard du mode, du moment : l'un n'agit qu'à propos ; l'autre s'agite à contre-temps.

Ainsi, lors de la première, et surtout de la seconde restauration, après qu'une indicible tyrannie eut désappointé des espoirs de liberté, et que des revers inouïs eussent désenchanté des prétentions de gloire, sous l'égide de l'alliance et de la force européenne, on pouvait tout.

Les temps, ce semble préparés par la Providence, permettaient de faire rentrer le torrent au loin débordé, dans un lit peu à peu élargi, au lieu de laisser s'écouler et s'engloutir sous la fange entassée depuis les nouvelles années, le cours des sources d'ancienne origine ; permettaient d'établir une ère de prospérité et de sécurité sur des bases profondément creusées, en place de cet état de choses équivoque et précaire, que troublent sans relâche des souvenirs de diverse date.

Mais la diplomatie, trop rompue aux habitudes serviles, et ne reprenant de son caractère perdu, que l'esprit de convoitise, n'a songé qu'à s'arrondir, à s'agrandir, non sans profaner la légitimité, sans briser la nationalité.

Et la politique intérieure, circonvenue par les intrigues, s'est bornée à scéler du type sacré, une légalité de circonstance, à relever sur pied des existances écrasées du coup.

Dès lors tout fut consommé. Pour revenir au point de départ, la route en sens rétrograde serait double de longueur, attendu que la restauration, dans sa marche, l'a de plus en plus laissé en arrière.

Ces époques n'appartiennent plus à la pensée, que sous le rapport dogmatique.

Par exemple, en ce qui concerne la pairie, si la mémoire s'était purgée des haines semées et des vengeances récoltées au sujet de la noblesse, si le regard s'était élancé hors de l'enceinte de

Paris et avait plongé dans l'intérieur du corps social, on aurait appris :

Que les confiscations et les condamnations en masse, n'attestaient autre chose, sinon qu'en France, pour se délivrer de l'ascendant inné, de l'empire certain dont est investie la noblesse, il n'y a d'autre moyen quede la réduire à l'aumône, ou mieux encore, de l'expulser de ce monde ;

Que, dans un pays essentiellement agricole, la grande propriété, en même temps éprouve des besoins de garantie et présente des moyens de puissance, et que la noblesse, après avoir recueilli les produits du sauvetage, réunissait plus des trois quarts de la grande propriété.

De là, on aurait cherché la solution de ce problème à deux termes :

Comment attacher la noblesse aux institutions actuelles, et, en lui accordant des sûretés, en obtenir des sécurités ?

Comment rallier la noblesse au peuple, sans qu'elle soit absorbée par lui, sans qu'il soit opprimé par elle ?

Un seul mode s'offrait pour accomplir ces conditions : il fallait reconnaître en droit ce qui se manifestait en fait, l'ordre ou le corps de la noblesse.

Il fallait, reprenant à son origine le premier fil des institutions anglaises, l'ancien fil de nos propres institutions, fonder à part, isoler l'une de l'autre, une vraie chambre des lords ou de la noblesse, une chambre réelle des communes ou du peuple.

La noblesse seule, sauf l'accueil exceptionnel en faveur des éminens services, aurait composé la Chambre des Pairs, qui eussent été par moitié désignés à titre d'hérédité parmi les maisons illustres, et par moitié élus pour la vie, dans les réunions provinciales de la noblesse.

Le peuple seul, sur une échelle plus étendue, quant au droit électoral, aurait nommé les députés, renouvelés par cinquième chaque année, et révoqués en cas d'acceptation de place.

En sorte qu'auprès du pouvoir monarchique, il s'établissait un pouvoir aristocratique et un pouvoir démocratique, dont l'état actuel qui n'en présente que de vains simulacres, porte tous les dangers et n'apporte aucun des profits.

Sans doute, la Chambre franchement plébéienne, possédait plus de force, déployait plus de vigueur; et, si son zèle promettait davantage, sa fougue menaçait davantage aussi.

Mais d'abord, en la considérant en masse, la conscience des besoins du peuple, la connaissance des intérêts de l'Etat lui appartenaient plutôt, la dirigeaient mieux; et, en la considérant dans ses élémens, des débats moins âpres, des passions moins haîneuses ne troublaient point la rectitude du jugement, la pureté du sentiment moral.

Ensuite, la Chámbre vraiment patricienne, gagnait également en sagesse et en constance dans ses plans, en influence sur les esprits; de manière que sous le rapport de la puissance, l'équilibre se retrouvait, se maintenait.

Or le choix est facile à faire entre un être infirme et débile, où chaque organe, fatigué de son travail et manquant à ses fins, réagit péniblement sur les autres organes; et un être fortement constitué, où le flot de la vie circule librement, si bien que toutes les fonctions s'opèrent à temps, et se portent mutuellement de l'aide plutôt que de la gêne.

Et l'antagonisme légal des Chambres ainsi établi par leur organisation, attribuait à la couronne une tutélaire suprématie : car, entre ces deux corps justement balancés en force, et constamment agissant dans des sens opposés, un pouvoir arbitre était nécessaire pour juger le litige, pour offrir un moyen terme à des droits égaux, ou soutenir de son appui le droit supérieur.

La médiation appartenait au gouvernement, lequel, au moyen de ce mode d'intervention dans les actes législatifs, ne conservait aucun motif plausible, aucun prétexte apparent, pour travailler l'opinion ou la conscience des membres des Chambres.

Cependant, y a-t-il lieu à former le désir, à concevoir l'espérance que l'ordre puisse jamais se consolider sous ces termes? Il faut s'en rapporter au temps qui seul est doué à la fois de parler juste et de parler haut, au temps qui, en poussant devers telles fins désignées par l'expérience, ne manque jamais d'applanir les voies jusqu'alors obstruées par la routine et les préjugés.

En tous cas, il faudrait que les combinaisons propres à garantir le succès et la durée du système fussent adoptés en totalité; ce qui ne serait pas, si un ministère forcé dans tous ses retranchemens, et menacé d'être enlevé au premier assaut, ne cherchait qu'à se couvrir d'un rempart postiche, en appliquant à son bénéfice, un des principes fondamentaux, le principe de la création d'une chambre vraiment patricienne, dont une partie des membres fût choisie dans la noblesse de province, fût installée seulement à vie.

Car, en premier lieu, les nouveaux membres n'étant point élus dans les réunions de la noblesse, seraient dépourvus de rapport avec elle et d'ascendant sur elle, conditions indispensables pour la rattacher de cœur et la rallier d'esprit aux institutions actuelles.

Car, en second lieu, la prééminence absolue de la noblesse dans la chambre haute, n'étant point compensée par l'abandon de l'élection des dé-

putés en faveur du peuple, cette puissance exor-
bitante déférée à une classe exciterait dans la
classe rivale, des sentimens de haine et de dé-
fiance, dont l'occasion, toujours menaçante, ne
tarderait pas à favoriser l'explosion.

Dans les actes de simple imitation, on ne saisit que l'apparence, on ne creuse point sous la surface, on ne pénètre point jusqu'au principe des choses.

Puis, au gré des circonstances, on se laisse aller d'induction en induction, on s'écarte de plus en plus du principe, on se met enfin vis-à-vis de lui, en opposition.

Dès 1789, puis en 1814, l'attention est attirée, est absorbée par l'aspect de l'Angleterre. En ce grand pays, il y a deux chambres ; quand il y aura deux chambres en France, ce sera aussi un grand pays.

Une telle opération du jugement, si toutefois elle a droit à ce titre, était bien informe, et pourtant s'est rencontrée juste ; car l'établissement des deux chambres aurait neutralisé la révolution.

Si l'analyse avait été poussée au delà, le champ de l'expérience où elle est appelée à s'exercer, se serait montré incomparablement plus étendu.

Même sous le règne théocratique et sous le régime militaire, où les chefs du sacerdoce et de l'armée possèdent toujours un certain empire, le gouvernement purement absolu ne se présente dans l'histoire, que comme un être d'exception, ou plutôt comme un être d'abstraction.

Il n'y a pas d'exemple, qu'un sceptre héréditaire et patrimonial, ait été totalement délivré ou dépourvu, comme il plaira de l'entendre, de tout contrôle ou conseil, soit légalement existant, soit moralement agissant.

Et le contrôle ou le conseil fut toujours exercé par un corps dont les membres siégaient en vertu d'un titre transmis de droit par la race, ou d'un titre transmis de fait par la charge.

Cet état des choses a précédé pendant des siècles, l'époque de la participation du peuple aux affaires publiques, et subsiste sans interruption, depuis son origine : aussitôt que la révolution la plus anarchique et l'usurpation la plus tyrannique, ont pris quelque aplomb, ont acquis quelque durée, ont le voit reparaître sous une forme quelconque.

C'est qu'il existe dans l'ordre providentiel, en remontant à la cause première, et dans l'ordre naturel, en ne considérant que le jeu des causes secondaires, une imperturbable nécessité, dont la loi sera accomplie :

Soit que le fait commandé par elle , doive être réalisé, par l'action directe et soutenue du sentiment instinctif, qui fut donné à l'homme, ainsi qu'à l'animal, en vue d'assurer sa conservation; soit qu'ayant été contrarié dans son cours et repoussé en arrière, il vienne forcer le passage, après une série plus ou moins prolongée, de vacillations, de perturbations.

Car, dès-lors que les lois essentielles de l'être, que les prescriptions imposées à l'existence, sont violées ou faussées, dans tous les règnes de la nature, dans tous les régimes de la société, il s'en suit une crise qui se termine par la réparation de l'erreur, par la restauration du principe.

Or, quand la nécessité des choses, a été mise en lumière, au flambeau de l'expérience, à moins de fermer ou plutôt de se crever les yeux, il n'y a pas moyen de la récuser : et la morale, la politique, d'accord sur ce point, ont seulement à rechercher, quelles sont les conditions de son accomplissement plein et entier.

L'histoire fait connaître ces conditions. Le corps ou le pouvoir aristocratique, ainsi dénommé aux temps anciens, d'après la juste présomption de sa sagesse, s'y montre universellement institué, sous le type de l'hérédité, dans le sens personnel ou réel.

L'hérédité personnelle, émane de la race, passe

avec le sang, avec le nom, amène un cours successif de titulaires.

L'hérédité réelle provient de la charge, dépend du droit des services ou du choix de l'autorité, amène un cours consécutif de titulaires.

Il n'y a rien à dire quant à l'hérédité de race :
en nul autre point, le naturel de l'homme ne se
prononce aussi fortement, aussi constamment. Et
le mode qui la transfère, le titre qui la confère,
sont si simples, si palpables, qu'ils se refusent à
toute explication.

Quant à l'hérédité de charge, elle varie et dans
le mode et dans le titre : la charge peut être acquise ou transmise en telle et telle manière; elle
peut être ecclésiastique, judiciaire, militaire
même : seulement, il faut qu'elle soit inamovible.

On conçoit d'abord, comment le caractère propre aux fonctions du pouvoir aristocratique, est
imposé comme à l'insçu, est inculqué par la vertu
originelle, au titulaire investi de l'hérédité personnelle.

Mais si l'homme né d'un sang illustre, est identifié avec sa race, tellement que l'existence de
l'individu ne présente qu'une phase, dans l'orbite
des générations; de même l'homme, promu à un
poste à la fois éminent et stable, s'identifie avec
sa charge, car l'ame insatiable d'émotions, ardente d'imagination, est toujours disposée à fran-

chir les limites resserrées de l'être privé, à se forger une allonge indéfinie d'existence.

Pourvu que l'inamovibilité lui permette de se faire propre, sa charge, le titulaire se fond et se perd sous le titre; il se réduit à l'état de porteur de titre.

L'homme est investi en viager; mais la charge est fondée à perpétuité : et celui-là, n'éprouvant plus de sentiment, ne concevant plus d'idée qu'à l'occasion de celle-ci, c'est le même esprit d'hérédité, qui dicte la volonté, qui imprime le caractère.

En un mot, la place fait l'homme; la position règle la conduite. Et telles sont les deux sortes de positions, dans lesquelles le corps aristocratique s'est généralement recruté, doit se recruter exclusivement.

Car à cette heure, il n'y a pas lieu à faire mention des anciens d'âge, qui dans l'origine, l'ont souvent composé en totalité; d'autant que tout annonce, que ces anciens seulement désignés par l'âge, n'étaient admis qu'en vertu de la naissance ou en raison des fonctions, et rentraient ainsi, sous l'une ou l'autre de ces catégories.

Eɴ exposant des considérations politiques d'un ordre élevé, il convient de faire abstraction du corps ou du pouvoir formé par l'élection populaire, attendu qu'il n'apparaît point dans les premiers temps de la civilisation et qu'il tend à innover soit en bien ou en mal, de sorte à porter des périls plutôt que des sauve-gardes.

Deux pouvoirs seulement se retrouvent en tout temps, en tout lieu, et se montrent ainsi essentiels, inhérents à la société humaine : le pouvoir monarchique, le pouvoir aristocratique.

Ces deux pouvoirs concordent entre eux, quant au caractère de l'hérédité; condition vitale et fondamentale de leur existence, à défaut de laquelle ils seraient tout autres qu'ils ne sont.

Ils diffèrent en ce que le principe de l'unité qui leur est commun, se représente dans le premier sous une forme simple, dans le second sous une forme complexe.

Dans le pouvoir monarchique, le titre ne repôsant que sur une tête et devant passer de l'une à l'autre, des crises plus ou moins périlleuses menacent : sa nature est assez bien rendue par l'image de ces fées, à qui le don de magie n'était accordé qu'à la charge d'être privées de leur vertu et exposées à tous les accidents, un jour dans l'année.

L'unité simple de la royauté dut fonder la famille, la tribu, la cité, étant seule douée d'offrir un noyau fixe, autour duquel se ralliaient, se combinaient les élémens informes et épars.

Mais la royauté est exposée, d'une part aux risques de la mutation du titre, de l'autre aux chances de l'altération morale du titulaire : en outre, d'autant que la société s'accroît en masse et se complique en rapports, le souverain est moins capable d'exercer une influence immédiate, une surveillance universelle, est plus sujet à se laisser tromper ou trahir par les agens qui le circonviennent.

Delà, il est amené à prévenir ou à tolérer le mouvement relatif et progressif des nations, qui travaille perpétuellement, qui parvient irrésistiblement à obtenir de force ou de gré quelque sorte de participation aux affaires publiques : et soit par le mode réfléchi de la création, soit plus souvent par l'effet des attributions peu à peu augmentées, on voit naître le pouvoir aristocratique.

Ce pouvoir, par cela même qu'il appartient à un corps, ne connaît ni la mutabilité ni la transmissibilité, ne craint point d'interruption, d'interception : l'unité complexe qui lui est propre, renfermant un principe de rénovation constante , lui garantit quant aux apparences extérieures, quant aux intentions intimes , une identité parfaite.

Tel était depuis des siècles, le parlement ou la cour des Pairs, dont la vénalité des charges devait être louée plutôt que blâmée, étant productive de l'hérédité du titre et par conséquent de l'indépendance du vote, étant ainsi, par un phénomène singulier, préservatrice de la vénalité des consciences tout-à-fait inouie dans ce corps; le parlement qui, seul légataire des pouvoirs primitifs, seul dépositaire des garanties sociales, seul arbitre entre l'autorité et les libertés, seul champion du trône contre le ministère, a rempli dignement tant d'obligations.

Telle sera la pairie, pour peu que ceux qui ont intérêt à ce que cela ne soit pas, n'aient pas la puissance d'empêcher que cela soit.

Chose étrange et pourtant vraie ! Prenez des gens de bas lieu : et installez-les sur les bancs de la·pairie, décorez-les des dons de la fortune. Dès lors que les titres et les biens seront incommutables, vous verrez ces êtres se dépouiller du vieil homme, se révêtir de l'esprit de corps, s'élever à la hauteur de leur charge.

Car c'est la position qui fait, défait, refait l'homme : ainsi qu'il est avéré par la métamorphose subitement opérée chez tant de parvenus, après qu'ils ont enlevé à l'assaut ou dérobé par la fraude, une position désormais inaltérable. Enfin assis au faîte, il n'y a plus à gravir, il ne reste qu'à s'y tenir.

Agissez en sens contraire. Menacez, ébranlez des existences, fussent-elles les plus respectables : sauf quelques exceptions, il s'opérera en elles, dans la mêlée des intrigues, par la succession des chances, un mouvement de dégradation.

Ainsi, la constitution de la chose importe plus que l'institution de l'homme : il faut soigner la loi de la pairie, plutôt que le choix des Pairs.

La pairie déja frappée du type de la légitimité en qualité d'émanation du trône, a besoin encore d'en recevoir une nouvelle faveur, d'y être liée sous un nouveau rapport, par la consécration de l'hérédité.

Si le pouvoir monarchique, alors qu'il est transmis par l'élection ou ravi par l'usurpation, manifeste un caractère opposé à sa nature propre, le même résultat se rencontrerait quant au pouvoir aristocratique, s'il était organisé sous un mode analogue.

La fixité, la quiétude, sont coïncidentes, sont concomitantes.

Et la quiétude, tenant l'esprit au repos, libérant de toute crainte, isolant de tout trouble, garantit le judicieux exercice de l'intelligence, les généreux mouvemens de la conscience.

La fixité, imprimant le respect autour de l'être, élevant au-dessus du tourbillon social, est appelée à déterminer la confiance, à fonder l'ascendant moral.

Les principes qui viennent d'être développés ,
en opposition aux projets présumés, rencontrent,
par un bonheur remarquable, la démonstration la
plus signalée , dans le caractère inhérent à la nature du ministère, en général.

Quelle est la différence entre le monarque et le
ministère? Au moyen de la substitution qui en est
faite, celui-ci jouit des mêmes pouvoirs : seulement il n'en jouit qu'à temps. Cela suffit pour oc-
casioner un contraste parfait, dans les erremens
respectifs.

Tandis que le monarque règne assez, ce lui
semble, parce qu'il règne à jamais; le ministère est
voué à régner trop fort, trop vite, toujours in-
certain et inquiet du terme de son pacte.

Même dans les monarchies absolues, la dure et
sèche allure, le désordre des mouvemens de la
part de l'un, troublent la marche réglée et modé-
rée de l'autre, creusent sur ses voies jusque-là
unies et coulantes, de mauvais pas à franchir.

Et dans les Etats représentatifs, par l'effet de sa

lutte avec l'opposition, le ministère s'échauffe et s'emporte, perd la tête, accumule les périls au devant du monarque.

Sauf la narration des guerres, notre lamentable histoire ne parle pas d'autre chose : si bien que vis-à-vis un ministère quelconque, les serviteurs du prince, doivent exercer la plus scrupuleuse surveillance, et que les hommes d'honneur, s'ils se croyaient tenus à l'appuyer, au lieu de prendre un ton d'arrogance, devraient trembler d'être soupçonnés de collusion.

Or, suivant les conditions de son organisation, la pairie se rapproche des caractères propres au monarque ou au ministère, et se présente comme une sauve-garde des droits du trône, ou comme un instrument des complots du cabinet.

Une constitution analogue à celle de la royauté, inaltérable, immuable, la dirige dans le même sens et l'attache à ses destinées : une constitution semblable à celle du ministère, variable et vacillante, lui imprime la même allure, la soumet à son service.

Et enchaînée par le ministère, la pairie peut encore frapper les peuples, des fers dont elle est chargée, mais non pas se dégager du poids de l'opprobre et reprendre de l'ascendant sur les peuples : esclave, elle couvre pour l'instant, le ministère, en laissant le trône sans défense contre les assauts; tandis qu'indépendante, elle aurait couvert le trône à jamais, en livrant le ministère à la merci des lois.

Aussi, le ministère, plutôt tenté d'abaisser la pairie, au niveau de son poste, à la portée de ses ordres, que de l'élever à la hauteur et l'ériger en boulevard du trône, ne doit songer, en sus des moyens de séduction, qu'à l'écraser sous le faix du nombre, à l'altérer par l'aloi du titre, à la dégrader ainsi et repousser l'opinion qui seule la revêtit de force.

Telle est la conception, dont le succès menacerait à la fois, de prolonger un pouvoir éphémère, et de briser le sceptre antique, qui peut-être, a déja déterminé ou déterminera bientôt à tirer du néant, à créer soudainement, un monde de Pairs à vie, choisis en apparence, dans la noblesse de province.

Des pairs viagers!!!... L'idée est neuve et ne sera pas stérile. Vienne le temps! nous aurons aussi une royauté viagère, une royauté à fonds perdu, dans toute la vérité du mot.

Qu'adviendrait-il à l'égard d'une royauté viagère, sauf que cette condition ne fût compensée en réduisant le titulaire à l'état d'eunuque? Le prince est homme; il devient père : et dans son existence, quelque exhaussée qu'elle soit au-dessus de notre sphère, l'homme, le père, domine ou du moins balance le prince.

En sa qualité d'homme, l'être multiple est chaque jour à la veille de mourir; en sa qualité de père, il aspire à revivre en ses enfans. D'autant que la transmission du titre de l'une à l'autre génération, est improbable et inespérée, ce n'est nullement un motif pour s'abstenir d'y travailler, c'est seulement une raison pour rechercher toutes les aides, pour se prémunir contre tous' les risques.

Mais il existe un ministère, qui est placé au centre du mouvement social et régit la machine, qui en outre possède l'oreille du prince, qui guide le jugement et dispose de la volonté.

Comment lui résister? il doit séduire; il peut effrayer. Et sous ce dernier rapport, il y a juste cause, car aux approches du dernier terme, dans les crises de la maladie, ce pouvoir seul mis en vigueur, seul tenu en action, est capable, ou par la violence ou par la ruse, d'influer fortement sur l'élection.

Le prince cède et se soumet; toute autorité passe aux ministres. Ne parlons plus du prince, ne parlons plus du privilège tutélaire, du merveilleux prestige dont le ciel gratifia les dynasties héréditaires.

De même, s'il existait des pairs viagers, ne parlons plus des Pairs, de la pairie. Sauf dans cette langue de convention dont il est fait un si fatal usage, les pairs à vie ne sont point des Pairs; il y a incompatibilité entre les caractères respectifs, ceux-ci devant être indépendans, et ceux-là ne pouvant être que dépendans.

Ici la domination est encore plus absolue; le prince avait le droit de remplacer ses ministres: au lieu que les pairs, pour obtenir leur renvoi, sont contraints à former une coalition, où chacun est à découvert et reste sous le coup, jusqu'à l'époque incertaine et lointaine du triomphe.

Les pairs à vie meurent, ainsi que l'indique le mot même; et leur race s'éclipse, s'éteint avec eux.

Or, connaissez-vous l'instinct de nature, l'instinct de race, l'instinct d'âge, l'instinct de mort, si l'on peut parler ainsi; car plus que la nature et la race et l'âge, c'est l'idée toujours présente de la mort qui ramène et fixe l'ame avide d'existence sur les générations survivancières.

L'indicible, l'ineffable charme de la paternité, qui souvent excita au crime, qui du moins émousse la vertu, met les pairs à vie, aux pieds, sous les pieds de ce pouvoir ministériel dont la faveur ou la défaveur doit régler les destins les plus chers.

En place de pairs de France, de membres de la Chambre Haute, de conseillers de la cou-

ronne, vous n'avez plus que des valets du ministère. •

Etat de choses aussi périlleux que honteux,
dont les suites ont été exposées ailleurs. (*la Pairie*,
page 25.)

Par l'effet de la complication des relations sociales, vulgairement désignée sous le titre de civilisation, les hommes en frayant de plus en plus
les uns contre les autres, usent et perdent le type
primitif de l'espèce, le trait personnel de l'être.
Rien ne résiste, rien ne persiste : à bien dire, il
n'y a plus de conscience à soi, de jugement à soi,
de volonté à soi. Tout est comme d'emprunt,
comme d'occasion.

Dis-moi qui tu hantes, je te dirai qui tu es,
ainsi s'exprimait un adage. Dites-moi, à l'égard
d'un homme quelconque, à quel nombre s'élève
le corps dont il est membre, pour quel temps
est conférée la charge qu'il exerce, et je vous dirai comment il pense et parle, comment il voudra
et agira.

Considérons d'abord la sorte d'influence du
temps, de la durée des fonctions politiques.

Oserait-on adjoindre des pairs viagers, aux
députés septennaux; ceux-là dont le titre s'annule,
au terme toujours imminent de la vie, à l'époque

de la mutation de l'existence sociale, du père au fils ; ceux-ci dont les pouvoirs ont été prorogés pendant le cours d'une ère climatérique, dont les actes ont été garantis contre l'intervention électorale?

Ce sont deux combinaisons qui s'allient merveilleusement entre elles, qui tendent également à corrompre, à dissoudre les institutions organiques de la Charte, en telle sorte que les remparts destinés à braver les assauts de l'arbitraire, peu à peu minés et s'écroulant bientôt, n'offriraient qu'un vaste amas de décombres, seuls fondemens sur lesquels puissent s'ériger ses autels.

Pour accomplir sa vocation intime, la Chambre des Pairs devait être posée au-dessus du contact de l'opinion, qu'elle est en droit de redresser, devait être isolée de l'ascendant de l'autorité, qu'elle a le devoir de réprimer ; et, sous la condition viagère, ses membres tombent au niveau des positions vulgaires, tombent à la merci des vindictes ministérielles.

Pour remplir sa mission expresse, il fallait que la Chambre élue fût laissée en rapport avec l'opinion dont elle exprime les vœux, qu'elle fût mise à l'abri de l'autorité, à laquelle elle impose des conseils ; et, sous la condition septennale, l'écho lointain de la voix publique, le soupir vague et tardif de la conscience sont étouffés par les accens séduisans ou menaçans du pouvoir.

Ces transpositions de durée auront suffi pour intervertir l'ordre dans les choses, pour pervertir la règle dans les esprits : car suivant que ses assignations naturelles sont observées ou enfreintes, le temps exerce sur les faits en seconde ligne et en première ligne sur les actes, une puissance tantôt régulatrice et préservatrice, tantôt perturbatrice et corruptrice.

Déja le passé parle, et l'avenir lui répondra : l'un et l'autre, reniant tant de fausses promesses, refoulant tant de vaines espérances.

L'inamovibilité septennale n'a jeté pour produit brut, en retour d'une immensité de pertes sèches, qu'une loi de conversion odieuse aux mécréans et perfide envers les néophites, qu'une loi d'indemnité, autant et plus inique dans la répartition, que juste en sa conception : sans parler de la loi sur le jury, dont le vice capital, long-temps inaperçu, se montrera trop tard.

Il ne faut pas attendre mieux de l'amovibilité viagère, imposée à une part de la Chambre Haute : et même le mal occasioné à l'instant, par la réduction du temps, par la limitation de la durée des fonctions, doit être bientôt envenimé par l'extension du nombre, par l'exagération de la quantité des titulaires.

Les pairs à vie seront pris à l'âge, où plutôt hors

d'âge, attendu qu'à un certain point, le voile sacré des années couvre la nullité des droits, et simule l'apparence des vertus; attendu qu'au déclin de l'existence, la force se retire du caractère ainsi que de l'esprit, et ne fait plus battre le cœur, que pour ses enfans.

La mort travaille leurs rangs, les décimant dès la première année, et avec l'aide propice du temps, y portant de plus en plus le ravage. Et de même que le trop fameux Necker, considérant comme effectués les décès éventuels et comme acquittées les échéances convenues, ne craignait nullement de contracter une masse d'emprunts semblablement échelonnés, à des termes de remboursement, de plus en plus éloignés; de même, à l'égard de la Chambre Haute, alors soumise à des chances analogues d'extinction, nul ministre, fameux ou non, ne craindra de créer une immensité de nouveaux titres, se confiant dans la magie de ce mode d'amortissement.

Cependant, pour acquérir le titre de Pair, ainsi déchu de sa valeur relative à proportion de l'extension du nombre, et de sa valeur absolue, en raison de la réduction du temps, combien de prétentions vont s'élever? combien d'intrigues et de brigues vont se croiser?

Il n'est si mince, si mesquine existence, pour peu qu'elle ait franchi le seuil de la députation, ou qu'elle soit assise aux fauteuils de l'administra-tion , dont les criailleries , les piailleries, car c'est le langage de l'espèce , ne viennent assaillir, aba-sourdir le ministre. S'il résiste à tous , c'en est fait de lui ; s'il cède aux uns, il faudra céder aux autres, et c'en est encore fait de lui.

Mais il y a bien pis ; car sur cette voie périlleuse, à un terme trop peu distant, c'en est fait aussi de nous.

Quel admirable enchaînement, quel mouve-ment harmonieux dans le mécanisme de notre système social.

Voilà un Roi !

Dieu créa sa race, et sa race a créé la France. Sous les auspices de ses illustres ancêtres, l'Ile de France, leur patrimoine immémorial, que la couronne des Francs enrichit à peine de quelques provinces limitrophes, s'est peu à peu agrandie et arrondie sous la forme de cet empire le plus étendu et le mieux limité, de cet empire préémi-nent entre tous.

Pourquoi le Roi est-il contraint d'avoir des mi-nistres ? Sans eux , nos fortunes, nos libertés, nos existences se reposaient sur sa foi, s'abandon-naient à sa volonté, rejettant tout contrat, récu-sant toute garantie. Contre eux, il était besoin que des institutions nous défendissent, le défendissent plutôt lui-même, car tant qu'il est, nous sommes.

De là, une Chambre élective et temporaire qui soutient les droits, qui déclare les besoins, qui transmet les vœux, qui communique les lumières au nom et pour le compte du pays.

De là, une chambre héréditaire et perpétuelle qui protège les libertés publiques, qui fortifie la prérogative royale, qui discute les projets et sur-veille les actes du ministère, lui offrant les occasions de bien faire, lui enlevant jusqu'à la tentation de mal faire.

En un tel état de choses, les ministres se trouvent-ils affligés d'ineptie, ou atteints de manie? qu'importe!

La Chambre élue se laisse-t-elle égarer, soit par l'erreur si naturelle à la race humaine, soit par la passion si commune dans les assemblées? qu'importe!

La Chambre haute est là. Et comme ses destins sont rendus à leur terme, sont tenus hors de ligne, elle est juste; comme la sagesse, la constance, la loyauté, lui ont valu l'ascendant moral, elle est forte.

Qu'on ne craigne rien!

Mais si sa condition est changée, si sa position est altérée, ce n'est plus la même Chambre : la Chambre haute n'existe plus.

Il y a un Roi encore : il fallait un Dieu.

Sauf quelque miracle, au premier souffle de la

brise, au flot de la marée montante, à la ren-
contre d'un écueil, à l'abordage d'un vaisseau,
que deviendra le navire long-temps fracassé par la
tempête, maintenant dépouillé de ses pilotes.

L'occasion, avant-courière de la fatalité, dont le nom seul indique des présages plutôt funestes que propices, divinité occulte dont les autels devraient être consacrés sous ce titre imité des anciens, *Diis ignotis ;* l'occasion éclate à l'instant même, du lieu même où ne s'étaient nullement dirigées les prévisions.

Et les chances, les crises qu'elle amène, doivent aboutir dans un sens ou dans l'autre, suivant que se rencontrent lors de son apparition, la situation des choses, mais surtout la disposition des esprits. L'étincelle qui, lancée au hasard, aura allumé le plus affreux incendie, se serait éteinte et perdue dans les airs, si un amas de matières combustibles ne s'était pas offert à sa pâture.

Or, ce que la folie et l'ineptie, l'ambition et la passion ne veulent pas ou ne peuvent pas concevoir, il faudra que la terrible leçon des évènemens vienne tôt ou tard l'enseigner, portant en même temps la punition aux grands coupables et la désolation parmi tant d'êtres inoffensifs.

Il n'existe en politique, d'autre garantie contre la sape insensible du temps, d'autre sauve-garde au milieu des orages issus de l'occasion, que dans le respect envers les institutions, dans la confiance aux institutions, dans l'attachement pour les institutions.

Et sur ces trois points capitaux, l'influence de la légitimité, bien qu'elle domine tant de cœurs et tant d'esprits, est restreinte à émouvoir, à inspirer des vœux souvent trop vains. Sur ces trois points, l'action de la force, qui d'ailleurs ne s'exerce jamais à point nommé, jamais sans faux frais et sans contre-coup, n'est point douée de commander, d'imposer les sentimens.

Le respect, la confiance, l'attachement, colonnes de l'édifice social, ne prennent fondement, n'acquièrent de l'aplomb que dans un sol rassis par le poids du temps, que sur la base longuement éprouvée de la stabilité.

Qu'un gouvernement suive des voies quelconques, même des voies ignobles et iniques, sauf qu'elles soient absurdes, avec persistance, avec tenacité, les droits violés et les intérêts spoliés bientôt mis à néant, disparaissent de la scène, s'effacent même de la mémoire, et les intérêts rapteurs enfantant des droits subséquens, montent en force, maintiennent l'état des choses. Un grand exemple en a été donné.

Que si au contraire le pouvoir s'égare à travers champ, poussant une pointe en avant et puis en arrière, faisant des crochets tantôt à droite et tantôt à gauche, parmi les droits et les intérêts, ni les anciens qui sont mécontens, ni les nouveaux qui sont inquiets, ne s'attachent à sa suite, ne s'avancent à son secours. Il en fut donné un grand exemple aussi.

C'est que dans le premier cas, il y a stabilité, et que dans le second, il n'y a pas stabilité.

Ainsi l'essaim d'abeilles, image parlante de la la société, qui s'est réfugié dans quelque tronc d'arbre ou dans une fente de rocher, bien que le gîte soit mal approprié à ses besoins, se met aussitôt à l'ouvrage, travaille avec ordre, avec suite, et avance vers ses fins instinctives, tandis que si le propriétaire parvient à le saisir, à le loger dans la ruche la mieux disposée, ses rangs agités, effarouchés, ont grande peine à reprendre la tâche accoutumée, et pour peu qu'on aille les troubler encore, la délaissent tout-à-fait, se débandent, se dispersent au hasard.

Examinons les œuvres, vraiment œuvres de perdition, puisqu'elles ont été et seront tissues à contre-fil de la stabilité.

L'article 37 de la Charte, trop peu chanceux, s'est d'abord rencontré sur les voies de certains hommes d'État, ainsi qu'ils se disent être, portant obstacle et opposant résistance à des projets effrayans pour nous et même pour eux.

Un mot en a fait raison. « Comment, vous ne voyez pas; ce ne sont que des dispositions règlementaires, qui ne tiennent point au noyau de la Charte, qui rentrent sous le cercle de la loi : à leur égard, les trois pouvoirs sont en droit d'agir à leur bon plaisir. »

Et il s'en glorifie, dit-on, le petit homme qui du creux de son cerveau a soutiré cette dénomination, qui, à travers le vent de ses paroles, en a tenté la justification. En effet, comment la boîte de Pandore s'est-elle ouverte sous un si frêle doigt?

Quand l'élection pour cinq ans et le renouvellement par cinquième des députés, prescriptions dont la nécessité était constatée par l'état des choses et des esprits, sont tenues pour de simples dispositions règlementaires, on doit s'attendre que la Charte dépecée en lambeaux, ne présentera plus que des détails, des essais de règlement, ne renfermera plus un seul trait de doctrine, un seul point de règle.

Ainsi, bien que le sens formel de l'article 27 de la Charte, ait été développé par des ordonnances du Roi, rendues en vertu de l'autorité suprême, ait été manifesté par une jurisprudence soutenue depuis l'origine du système et consolidé par une prescription non interrompue de douze années, ni le respect dû à tant de titres, ni la foi due à tant d'actes, ne doivent arrêter, ne peuvent retenir, sur la pente trop glissante qui mène à l'abîme.

« La nomination des Pairs de France appartient au Roi. Leur nombre est illimité : il peut en varier les dignités, les nommer à vie ou les rendre héréditaires, selon sa volonté (art. 27). »

Remarquons l'ordre des idées. Il est parlé d'abord de la nomination et du nombre, principes vitaux de l'institution ; ensuite des dignités, enfin des titres à vie ou héréditaires : d'où il suit que le point relatif aux dignités était reconnu plus important, que le point concernant le choix des titres. Ce qui nous met sur la voie pour parvenir à la juste appréciation de celui-ci.

Certes, vis-à-vis les considérations transcendantes qui ont présidé à la création de la Charte, la variation des dignités, n'offrait qu'un intérêt bien minime : et pourtant c'est dans un rang encore inférieur que doit être classée l'importance du choix des titres.

Mais il ne faut donc entendre, la faculté de nommer à vie ou de rendre héréditaires, que dans un sens restreint : car, si le plus grand nombre ou seulement un certain nombre de Pairs, pouvait être institué indifféremment en viager ou à perpétuité, il en résulterait dans l'esprit de la Chambre, et par suite, dans les destinées de l'Etat, les conséquences les plus diamétralement opposées; car si tous les Pairs pouvaient être par un premier acte, nommés à vie et par un second acte, à la volonté du Roi, c'est-à-dire du ministère, promus à l'hérédité, la Chambre haute serait métamorphosée en un simple appendice du ministère; et quant au balancement des pouvoirs, laisserait une place vide.

La lettre tue et l'esprit vivifie. Le sens véritable de ces lignes, doit être ainsi compris.

La Charte avait conçu, que l'ordre social, se prêtait à l'institution de deux sortes de Pairs, les Pairs de race et les Pairs de charge, dont le titre également perpétuel, est attaché pour les uns, à la personne et pour les autres, à la chose. C'est au sujet des Pairs de charge, qu'elle a employé l'expression de nommer à vie, attendu que le titulaire de la charge et de la pairie, être identique, est essentiellement viager.

Déja l'accomplissement d'une telle intention, qui devra s'étendre en appelant à la pairie, les offices suprêmes de la justice, qui devra s'améliorer en érigeant fixement sous ce titre, les sièges métropolitains, s'est opérée, bien qu'incorrectement à l'égard dequelques prélats.

Et la Charte était trop éloignée de présumer que cette expression pût être soumise aux plus damnables interprétations, d'autant que d'après son texte même, la nomination des Pairs *appartient* au Roi, c'est-à-dire qu'elle est réservée par le Roi, en dehors des attributions dont il se démet, c'est-à-dire qu'elle sera exercée au nom du Roi, suivant la constante tradition du régime monarchique, sous lequel l'institution de la pairie ne fut jamais conférée, qu'à titre héréditaire.

(La Pairie, p. 18.)

CEPENDANT les temps sont venus où l'auteur de la Charte, par l'effet de la révolution du 20 mars, réintégré en la plénitude de son autorité souveraine et même invité par la terrible leçon, à créer des garanties enfin inviolables, en faveur du trône comme des peuples, d'un coup d'œil à la fois juste et profond, va sonder les bases du système et méditer les moyens de le consolider à jamais.

Le Roi, sauf à l'égard de quelques clauses de la Charte, dont il autorise la révision et qu'un an après, il a confirmées irrévocablement, le Roi n'est ému que d'un sentiment, n'est mû que par une pensée, l'un et l'autre relatifs à la pairie, à l'hérédité de la pairie ; comme si l'experience de l'histoire et la prévision du génie, lui enseignaient que l'établissement de la pairie, principal boulevart de l'ordre social, devait être sans cesse exposé aux attaques du ministère.

C'est ainsi que le 19 août 1815, quarante jours après sa rentrée en France, en vertu de sa puissance encore légitimement constituante, le Roi rend l'ordonnance suivante, par laquelle est régie depuis ce temps l'institution de la chambre des Pairs ; par laquelle tout est formellement réglé à son égard, sous les réserves exceptionnelles, spécifiées aux articles 5 et 7 ; quant au choix de la ligne collatérale et au changement des titres d'institution.

Article 1er. « La dignité de pair est et demeu-
« rera héréditaire de mâle en mâle par ordre
« de primogéniture, dans la famille des pairs
« qui composent actuellement notre chambre
« des pairs.

Article 2. « La même prérogative est accordée
« aux pairs que nous nommerons à l'avenir.

Lesquels articles se rallient et se fondent en un seul, sous cette rédaction :

« La dignité de pair est et demeurera héré-
« ditaire, dans la famille des pairs qui composent
« la chambre et des pairs que nous nommerons à
« l'avenir. »

Or, tel sophiste que ce soit, fût-il ou ne fût-il pas ministre, pour se soustraire aux prescriptions textuelles de l'ordonnance, serait réduit à jouer sur le mot *nous*, à prétendre qu'il ne s'applique à l'être abstrait de la royauté, que sous les formes sensibles dont il était revêtu à cette époque et non pas sous les formes nouvelles que lui prête la succession des temps : misérable ou plutôt méprisable tentative, qui donnerait un démenti à cette éternelle devise des Français : *le Roi est mort, vive le Roi!*

Il n'y a qu'un Roi depuis bientôt mille ans, qu'un Roi sous tant de titres divers , qu'un Roi identique dont les mutations apparentes n'altèrent point la nature immuable; qu'un Roi continu, si l'on peut parler ainsi, qui s'exprime et s'engage, non pas en privé nom, mais au nom commun.

Voilà donc la loi suprême, voilà la vraie Charte sous le rapport de la pairie : et depuis le 19 août, même dès le 17 août, comme par anticipation, dans dix ou vingt actes de nomination de pairs, la formule constante a été rédigée en ces termes remarquables :

« En vertu de l'article 27 de la Charte, sont « nommés membres de la Chambre des Pairs, etc.»

Formule qui, ne distinguant nullement entre les pairs à vie et les pairs à perpétuité, qui ne spécifiant nullement que le titre est ou n'est pas héréditaire, manifeste tacitement et implicitement, avec une évidence d'autant plus haute, que l'investiture de la pairie est par essence, à titre héréditaire.

Formule qui, si elle pouvait être remplacée, si elle devait être entrecoupée par cette phrase intercalaire et rechargée après coup, de cette insolite parenthèse : *sont nommés, A VIE, mèmbres de la Chambre des Pairs*, etc., ne conferrerait point un droit légitime et stable, ne revêtirait que d'un titre illicite et éphémère, dont la validité établie et soutenue par l'arbitraire, durerait sans doute autant que lui, et certes cesserait avec lui.

Encore, ce serait peu que de violer à la face des nations, la loi, la Charte; choses qui, après tout, émanent de l'esprit humain, et dès-lors sont éminemment menacées, sont naturellement soupçonnées d'être fautives en quelques points.

Mais ici, avant que d'entrer dans les voies qui conduisent au terme fatal de leur violation, quels sentimens les plus profonds, quels devoirs les plus impérieux, ne faudrait-il pas fouler aux pieds?

Ecoutez plutôt, vous du moins dont le sein recèle, au milieu du naufrage général, quelque scrupule de pudeur, de loyauté.

Ce qu'il vous faudrait dédaigner et mépriser, c'est l'opinion réfléchie, la volonté éclairée de l'auguste fondateur de la Charte, lequel retournant vers son œuvre favorite et méditant de nouveau, se rappelant les vieux temps, se représentant les siècles futurs, est parvenu à reconnaître, à se convaincre que, non pas tant encore pour la perfectionner, mais plutôt afin de la consolider, il était absolument indispensable de creuser plus avant dans le sol, de fonder en une façon plus durable, les assises capitales de l'édifice.

Ce qu'il vous faudrait récuser et renier, c'est l'acte des dernières volontés, quant aux institutions du royaume, de ce monarque qui, préservé miraculeusement de tant de périls, pendant un quart de siècle, et miraculeusement restitué à l'amour, à la foi de ses peuples, au terme de la période d'expiation ; lorsqu'il dut être rappelé dans la patrie céleste, emporta la certitude intime, qu'à l'exemple de ce peuple grec dont le législateur s'exila après l'avoir organisé, la France resterait fidèle à sa mémoire.

Et quand même, sous le coup foudroyant de tant d'anathêmes, des gens, soi-disant Français, oseraient mépriser et renier tout ce qu'il y avait, jusqu'à leur fatale apparition en ce monde, de plus sacré parmi les hommes; du moins, avant d'enfreindre la loi, avant de violer la Charte, qu'ils se fassent donc lire le préambule de l'ordonnance du 19 août 1815, et surtout qu'ils y fassent répondre :

Car la plume de leurs scribes journaliers, dont le travail est prisé à la toise, si elle évite de s'abaisser jusqu'à la réfutation trop facile apparemment, des écrits politiques, peut-être ne se tiendra pas pour déshonorée, pour diffamée, par cela seul, qu'aux plus belles paroles du créateur d'une nouvelle ère, elle aura daigné répondre :

« Voulant donner à nos peuples, un nouveau
« gage du prix que nous mettons à fonder de la
« manière la plus stable, les institutions sur les-
« quelles repose le gouvernement que nous leur
« avons donné et que nous regardons comme le
« plus propre à faire leur bonheur; convaincu
« que rien ne consolide plus le repos des États
« que cette hérédité de sentimens, qui s'attache
« dans les familles à l'hérédité des hautes fonc-
« tions publiques, et qui crée ainsi une succes-
« sion non interrompue de sujets dont la fidélité
« et le dévouement au prince et à la patrie, sont
« garantis par les principes et les exemples qu'ils
« ont reçus de leurs pères. »

A ces causes, etc.

POST-SCRIPTUM.

Se non è vero, è bene trovato.

Il se rencontrait, à la fin de ce pamphlet, trois pages blanches, ainsi qu'au dire de *Dame Censure*, devraient être toutes les pages de journaux; lesquelles pages, il faut l'avouer en toute humilité, qu'elles soient blanches ou noires, ont ou peu s'en faut, au moins jusqu'à cette heure, le même résultat.

Lorsqu'à point nommé, les plus aimables personnes qui, à la satisfaction mutuelle du ministère et de l'opposition, d'un bord, prennent l'argent sans compter, et de l'autre, rendent de bons offices sans s'en prévaloir, se sont empressées de fournir bonne et valable matière au plus ample *Post-scriptum.*

« L'auteur d'une brochure s'est permis de *publier* que les membres du conseil de surveillance de la censure recevaient un traitement. Le fait est faux, et c'est la seule réponse que mérite cette imposture. » (*Gazette de France,* 26 août.)

C'est la seule réponse! Sans doute, à moins d'envoyer un cartel ou un exploit.

Mais était-il donc impossible d'y adjoindre quelqu'acte de notoriété, quelque certificat de rigorisme, tendant à foudroyer l'imposture?

Vous dites non; d'autres disent oui. Qu'en résulte-t-il au jugement de l'opinion, pouvoir intrus peut-être, et pourtant pouvoir suprême, auquel est échue la main de justice, si bien que ceux qui la renient, la blasphêment, sont bientôt contraints à plier le genou, à élever des mains suppliantes devant ses autels.

Ni oui, ni non; c'est-à-dire rien.

Ou plutôt, grace à la réquisition intimée à tous les journaux, de par le préfet de police, d'insérer le susdit article, il en résulte que le trop éclatant démenti, répercuté par toutes les trompettes de la renommée, propagera indéfiniment la trop insigne calomnie, jusque-là enfouie en quelque libelle mort-né.

Et vu la méchanceté des temps, qui va de mal en pis, nul ne peut savoir, dans cette lutte à outrance entre la calomnie et le démenti, de quel côté tournera la victoire.

Il n'importe, au reste : tous ces dires de part et d'autre ne sont que jeux de mots. Allons au fait.

Par exemple, les gens de la cour de Parlement, comme il est constaté par les registres du Trésor, avaient des gages.

Et néanmoins ces gens, comme il est avéré par leurs humbles suppliques et itératives remontrances, n'étaient point aux gages.

Car, dans le bon vieux temps, il fut toujours

tenu en grand honneur d'avoir des gages de notre maître, comme aussi en grand opprobre d'être aux gages de ses ministres.

De même, veuille le ciel que les gens du conseil de la censure aient des gages à titre d'hommes-liges, en retour des loyaux services par eux rendus à la couronne.

Et à Dieu ne plaise qu'ils soient aux gages, en façon de valets, à la charge des plus rudes sacrifices à eux imposés par le cabinet.

A ce sujet, ce sont les faits qui vont parler, qui vont donner le mot de l'indéchiffrable énigme.

Voici de rechef un écrit sur la Pairie, où il est traité d'un point de haute politique, dogmatiquement, abstractivement.

Or, après que son digne devancier fut coulé à fond d'un coup de foudre, sans que le plus mince fragment, le plus faible débris, se soit sauvé du naufrage, faudra-t-il encore, car, certes il ne s'attend pas à attérir sain et sauf de sinistre, que le couroux des *Borée* du dix-neuvième siècle, plus farouches que le vieil Eole, envie au malencontreux auteur jusqu'à la triste consolation de s'écrier, à l'unisson du pieux Enée :

Rari apparent nantes, in gurgite vasto.

FIN.

9 782329 582443